人としての生き方を
教えてくれた
群馬の昔話

目次

表紙絵　うば捨て山へ母を捨てに行く情景
扉　絵　まま母に川へ流された女の子

この本をお読みになる前に

文化国家・先進国と呼ばれている日本。日本社会の現状は生命の危機を意識して生きなければ、凶悪な強盗殺人等の日々で生き難い。これは日本人の倫理の欠如であり、段階を追って心づくりの教育が是非必要と考えられる。そこで「心づくり」の一環として先ず、家庭で子どもに群馬の貴重な伝承昔話を語り聞かせ、「心づくり」の実践が必要と考えられる。

少し前までは各家庭で家族から字があまり読めない書けない頃からの子どもに昔話を語り聞かせて来た。子どもは大人から昔話を聞いているとき、語り手から「優しく見詰められている、優しく語り掛けられている」そして「愛されている」と意識しているのである。子どもは昔話を聞く生活によって愛情の蓄積となり大人から愛されているという自覚の重複によって、愛情深い人間となり如何なる困難に突き当たってもそれに立ち向かうことが出来るのだ。昔話は家庭の中で人づくりと心の柱づくりに欠かせない大切な領域を秘めて来たのである。

　この大切な昔話が家庭で語り継がれなくなった現在、異常現象が起きている。いじめ・児童虐待・家庭内暴力・引きこもり・おれおれ詐欺・果ては強盗殺人等が頻繁。おれおれ詐欺や強盗の加害者は主に青年。青年期は生涯の中で最大のエネルギッシュであるはず。このエネルギーを人のため社会のために生かす方向性があるはずである。

　人づくり人間づくりは学校教育だけで出来るものではない、学校もさることながら家庭に大事な人間づくりの領域が多々あり得る。例えば各家庭で朝仏壇にお茶とご飯を進ぜ家族の誰もが仏壇に向かって手を合わせた。更に毎月一日と十五日には神棚に水と榊（花）を奉納して家族の誰もが手を合わせた。これはその家の家風であった（宗教などとは決して言わない）。

　こうした家風である祈りからやさしさや思いやりの心が生まれて来たのである。なお子どもたちが協同体の一領域（どんど焼き・十五夜行事・十日夜行事・屋敷稲荷等）を子どもの年中行事として担ってきた。子どもはこの年中行事を通して協力心や郷土愛が培われて来た（子どもの年中行事等も各地で現在姿を消しつつある）。

　子どもの年中行事もさることながら家庭では子どもに昔話を語り聞かせて来た。昔話は作者不詳。その家や地域に長い年月に渡って語り継がれて来た大人と子どもの貴重な伝承文化である昔話の一話一話に、人としての生き方が示唆されているのである。

冒頭でも少々昔話の貴重な方向性について触れておいたが「昔話を聞いて育った者は大人の成り方が違う」のだ。この貴重な昔話を次代を担う子どもたちの為めに、少しでも生かすべく本書では昔話の一話一話の「付帯目的」、その昔話が何を示唆し何を教えているかについて触れておいた。

昔話は聞いて楽しいおもしろいの一面もあるが昔話の深層には大事な人間づくりの領域が存在している。例えば十一頁参照「山の穴の中に母親をかくしておいた息子の話」。六十才に成ったお年寄をうば捨てしないとお上から家族は打ち首か所払いの刑となった。

捨てられるとその晩のうちに狼に引き千切られて食われてしまうのだ。

この昔話の息子は母親が大事。そして可哀想でどうしてもうば捨て出来ない。すると母親からうば捨てする様強く迫られる。更に母親は息子に「うば捨て出来ないなら山に穴を掘って生き埋めにしてくれろ」と。息子は如何し方なく山に穴を掘ったが母親を生き埋めする事が出来ず、穴の底に筵を敷き母親を入れ穴に太い竹筒を一本差し込み穴の上には丸太を並べ筵を被せ土を乗せ、竹筒から毎日水とむすびを母親に送っていた。だがある日母親は穴の中で死亡。息子は竹筒から母親に呼び掛けるも返答なし。息子は穴の所で一夜を泣き明かす。親思う心には際限がないのだ。この昔話では何より親を大切にすることを教えている。

現在親孝行ということばは死語になってしまっている。だが今こそ「どんな形でもいい親を喜ばせること」が何より大事なのだ。次に二十九頁参照「タヌキの恩がえしの話」。この昔話では悪事を働いて捕えられ殺される直前のタヌキが涙を流しているのを見た庄屋様が見かねて、タヌキを譲り受け山へ放してやる。するとタヌキが恩返しに庄屋様の荒れ果てた竹藪を耕しすばらしい田んぼを作ってくれる。この昔話では可哀想な人や弱いものを助けてやることは何より大切である事を教えている。昔話を聞いて育った者は大人の成り方が違うのである。本書では一話一話の昔話が何を教えているかを解りやすく解説してある。

　次代を担う子どもに貴重な群馬の昔話を語り聞かせ心豊かな人間づくりの一環として戴けますことを切にお願い申し上げたい。

　最後になりましたが本書出版にあたり上毛新聞出版編集部部長の田島聡子様　課長の石倉実奈様には執者の意図する領域にご承認を戴き出版の運びとなりました。なお、田代江太郎様には出版完了に至るまでさまざまなご配意戴きました。表紙字・扉字をお書き下さいました農民書家の高橋清城氏、表紙絵・扉絵とカットを描いていただきました画家の川浦三津枝先生、更に採集調査でご協力戴きました県内各地の原話者の皆さんに深く感謝申し上げます。

令和五年　晩春

著者　酒井正保

カッパのお礼の話

むかしむかし、爺さんが川の近くに馬をつないで畑仕事をしていたと、しばらくすると婆さんがやって来て

「爺さんやこじよう飯のを持って来たで食ってくんな」って焼き餅い持って来たと、爺さんと婆さんなあ畑のあせえどうずわって（腰をおろして）焼き餅い食っていたと。すると馬がヒヒーンヒヒーンってないてあばれはじめたと。爺さんと婆さんなあぶったまげて、馬の所へすっ飛んで行ったと、すると馬の尻毛にちいっちえカッパの子どもがぶらさがって遊んでいるんだとさ、爺さんなあそのカッパの首根こをつかんで

「おいカッパのがき、おらちの馬に何いするんだ、村の子どもや馬を

川の中へ引き込んで殺すのは、おめえらの仕業《しわざ》だな今日はぶち殺してやるから覚悟しろ」って爺さんはでっけえ声でどなったと、するとカッパの子どもは

「じいさんかんべんしてくんな、かんべんしてくんな。おらあ（私は）見た事のねえでっけえ馬がいたんでそれと遊んでいただけなんだよう、かんべんしてくんな」って何回も何回も泣きながら爺さんにあやまるんだとさ。それをそばで見ていた婆さんが

「爺さんやこんなちっちぇ子どものカッパだすし（かっぱです）、おやげねえ（可哀想）おやげねえ川へ放してやらっせえよ」って言うんだと。

爺さんなあカッパの子どもが泣きながらあやまるし、婆さんにもせがまれるんで、村の人達が見ていねえかなっとあたりをようく見まわして

「これからなあ悪いことをするんじゃあねえよ。早ようお父ちゃんと

お母ちゃんとけえけえって行《い》ぎな」ってカッパの子どもを川へ放してやったと。爺さんと婆さんはその日はカッパに出会ったりしたので畑仕事を止めて家に帰って来たと、それで一晩たって朝起きて見ると庭先へ置いた水桶の中に川魚がいっぺえ入っているだと、それから毎晩カッパがお礼に川魚を持って来てくれるようになったんだとさ。

○この昔話の付帯目的

　カッパのお礼の話

カッパは人間を池や川の中に引き込んで殺すとゆう恐ろしい動物。この話の中の爺さんは、馬の尻毛で遊んでいたカッパの子どもを捕える。カッパの子どもは泣き泣き爺さんにあやまる。近くにいた婆さんも「こんな小さい子どものカッパ、可哀想。川へ放してやって」とせがむ。そこで爺さんは、人間を殺す恐ろしいカッパを川へ放してやったことが、村人に知れると大変なことになるので、村人が見てないかと、あたりをようく見まわしてカッパの子どもを川へ放してやる。

するとその後、毎晩爺さんの家にカッパがお礼に川魚を届けてくれる。

「弱い人や可哀想なものを助けてやるといいことがある」。この昔話を聞いて育った者は、動物愛が人間愛に成って行くに違いない。
◎この昔話では子どもの時昔話で知覚した動物愛、それが成人になって人間愛となってゆくことを教えている。

うば捨ての話

むかしむかし、母親をうば捨て山へ捨てに行ったが、母親を山に捨てられず家に連れて来た息子がいたんだとさ。ある日息子が
「おっかさん今日はいよいよ山へ行く日だぜ、俺の背中におぶさってくんな（下さい）」といって母親を背負って山の中へゆっさこ、ゆっさこ入って行ったと。途中までいぐと背中の母親が木の枝をボシ、ボシっと折っているんだと、息子は不思議に思って
「おっかさんなんで木の枝なんか折るんだいのう（折るんですか）」
と聞くと母親は
「わしゃあやめえ（山へ）捨てられればいいが、夕方暗くなっておめ

えさんなあ家いけえらなければなるめえ（帰らなければならない）。わしが木の枝あおつくしよって（折って）おいたのを目じるしにすれば、迷わず家いけえれるだよ」

ってゆうんだとさ。息子は母親のそのことを聞いて、母親を山に捨てることがどうしても出来ず、母親をそこへ降ろし母親の横にどうずわって（腰を降して）夜になるのを待ったと、それで人に知れねえように家に母親を背負って来て、家の奥の部屋に母親をかくしておいたと。

ところが隣の国の殿様が

「あの国はお年寄をうば捨てする様な馬鹿な国だから、戦争して取ってしまうべえ（取ってしまおう）。しかしその前にあの国にも、知恵のある奴がいるかためしてみよう」

といって子どもの頭程の丸い石の真ん中に細い穴がくねくね曲がって開

いてる石を、うば捨てをする国の殿様の所に持って来て

「お前の国にこの石の細え穴に糸を通せる者がいるかな」

といってその石を置いて行ってしまったと。

うば捨てをする国の殿様は

「こんな細え穴にどうにして糸が通せるんだ」

といって困り果てていたと、するとそのことを聞いたうば捨てしないで

母親を、山から連れて来た息子が殿様の所に行って

「殿様その石に糸を通すのをわしに一晩だけ考えさせて下せえまし（考えさせて下さい）」

といってその丸い石を借りて来たと、それでうば捨てをしないで家にかくしておいた母親にこの石のことを話すと、母親は

「それはなあ、穴の片方にあめえミツをぬっておくだ、それからもう

片方の穴からな、ありご（あり）に糸をゆわえつけて穴に入れれば、ありはミツが食べたくて糸を通してくれるだよ」

って教えてくれたんだと、息子は母親が教えてくれた様にして、石の穴に糸を通して殿様の所に石を持って行ったと、するとそれを見た殿様はびっくりして

「この細え石の穴に、どの様にして糸を通すことが出来たのかな」

っと息子に聞くんだと、息子がふるえていると殿様は

「早くゆえ、早くゆえ」

とせまるんだとさ、息子は

「殿様お許し下さい。実はうば捨てをしねえでかくしておいた母親が、このことを教えてくれたのでごぜえます。殿様お許し下さい」

と何回も何回もあやまったと、すると殿様はしばらく考えていたが
「これからこの国ではうば捨てはしてはならない」
といって、その国ではうば捨てを止め、息子は殿様からたくさんのほうびを、もらうことが出来たんだとさ。

○この昔話の付帯目的

　うば捨ての話

江戸時代六十才になると年寄はうば捨てされた、捨てられるとその晩のうちに狼に引きちぎられて食われてしまうのだ。そして捨てないとお上から打ち首か所払いの刑に処せられた。この昔話の息子は母を背負って山へ行ったが、背負われた母が木の枝を折り「お前が夜になって道に迷い帰宅出来ないと困るで、折った木の枝を目印に帰りな」と。息子は

母のこの言葉を聞いてうば捨てを止め母親を家に連れ帰る。

　この母親はうば捨てで息子と永遠の別れ、その中で母として息子を思う（木の枝を折っておく）愛、これは愛を超越した慈愛であろう。さらに息子も母の折った木の枝の事を聞いて打ち首を覚悟、母を背負って帰宅、息子の母に対する愛はこれまた慈愛と言えよう。

　現在親孝行ということばは死語となっているが、「時代がどんなに変ろうとどんな形でもいい親を喜ばせること」を忘れてはならないのだ。

◎このうばすての昔話では親を大事にしなさいということを教えている。

山の穴の中に母親をかくしておいた息子の話

むかしむかし、婆さん（母親）が可哀想でうば捨てすることが出来ず、山に穴を掘ってその中にかくしておいた息子がいたんだとさ。

ある日婆さんが息子に

「いつわしい（私を）山へ捨てにいぐんだい、捨てねえとお上に家の者が皆んな殺されてしまうんだよ、早くうば捨てしてくれろ」ってゆうんだと、息子は婆さんが可哀想でどうしても、うば捨ては出来ねえで困っていたんだと、するとと婆さんが

「そんなにわしい（私を）山めえ（山へ）捨てるんがやなんなら近くの山めえ穴あ掘って生き埋めにしてくれろ」

ってゆうんだと、息子は困ってしまったがしかたなく婆さんの言うことを聞いて、近くの山に深く穴を掘り穴の底にむしろを敷き婆さんを穴の中に入れたと、息子は穴の中に土を埋めることはどうしても出来ず、穴の近くでじっと考えていると穴の中の婆さんが

「早く土を埋めてくれろ」

と叫ぶんだと、それでも息子は土を埋めることは出来ないでいたが、ふと思いつき穴の上に丸太を並べその上にむしろをしき、竹やぶから太い竹を一本切って来て竹の中の節を払い、穴の上からその竹を穴の底に差し込んだと、そして穴の上のむしろには土を厚くかけたと、そして毎日むすびと水を竹筒に入れてやったと、むすびと水が届くと念仏を唱えていた母親が念仏を止め、念仏の鐘を一つ打って息子に合図をするんだと、息子は母親が可哀想で夜穴の所で明かすことも時々あったと。ある朝息

子がにぎり飯と水を竹筒から入れたが合図の鐘の音がないんだと、息子は竹筒から

「母ちゃん　母ちゃん　母ちゃん」

と叫び続けたと、しかし母から何んの返事もなく息子はその日家に帰らず、穴の所で泣き明かしたんだとさ。

○この昔話の付帯目的

山の穴の中に母親をかくしておいた息子の話

お乳を与えおむつを取り替え等々して大切に育ててくれた母親、それをうば捨てしたら一夜にして狼に引きちぎられて食われてしまうのだ。

この青年はどうしても母親をうば捨て出来なかった。すると母親から「うば捨てしないとお上から家族すべて殺されてしまう、わしをうば捨

て出来なければ山に穴を掘って生き埋めにしてくれろ」と息子に直訴。いたし方なく息子は山に穴を掘ったが母を生き埋めする事が出来ず、穴の底にむしろを敷き母に穴に入ってもらい丸太で穴をふさぎ太い竹筒から毎日水とむすびを届けた。穴の中では母親は念仏を唱えているが、水やむすびが届くと、母親は念仏鐘を一つ打って息子に合図。

ある日、むすびを竹筒から届けたが念仏鐘の返事なし。母親は逝ってしまったのだ。息子は母ちゃん母ちゃんと叫びながら穴の所で一夜泣き明かす。母親を思いやるこの息子のやさしい心は何よりも尊い。

◎この昔話では母親を大事に（親孝行）しなさいということを教えている。

親孝行のカラスと親不孝のキツツキの話

　むかしむかし、あったげだぁさあ。カラスが野良で畑仕事をしていたと、するとそこへ使いの者が飛んで来て
「カラスさん、カラスさん、カラスさんの母親が今死にそうだから急いで来てくんな（来て下さい）」
ってゆうんだとさ。カラスは驚いて汚れた仕事着のまま夢中で母親の所へ飛んで行き、死にそうになっている母親に会って、出来るだけ世話をしてあげてたと。しかし可哀想なことに母親は死んでしまったんだと。カラスは母親が死んでしまったので幾日も幾日も泣いていたと。
　するとそれを見ていた神様が真面目で親孝行のカラスに

「お前は母親が死にそうになっていると聞くと、野良で働いていた汚ねえ仕事着のままで、夢中で母親の所へ飛んで行き、死にそうな母親のめんどうを見続けたえらい奴だ、お前は体は真黒できたねえが一生食える様にしてやる。墓場のダンゴでも何んでも食っていい」
と神様にいわれその後カラスは幸せに暮すことが出来たんだと。
ところが今度はキツツキの所に使いの者が飛んで来て
「キツツキさん、キツツキさんの父親が今死にそうだぜ、急いで来てくんな（来ておくれ）」
とゆうんだと、キツツキは
「こらあ大変なことになった、親元へ行くにはきちんとした支度をしていかなけりゃあなんね」
といいながら長い時間をかけて、うんときれいになって、父親のもとへ行ったところ父親はすでに死んでしまった後で、父親の死にめにも会えなかったんだと。ところがそれを見ていた神様がうんと怒って

「キツツキよ、お前は父親が死にそうなのに、長い時間をかけて化粧したりお洒落をしていて、とうとう父親の死に目に会えなかったな、お前の様な親不孝者は一日三匹だけしか虫を捕って食ってはならねえ、それも山に生えてる堅え木から虫を捕って食え」

といいつけたと。キツツキはその後普通のものを食うことが出来ず、一日に三匹だけ堅い木をつっついて虫を捕って食い夜になると

「口ばしがいてえ（痛い）よう、口ばしがいてえよう」

って一晩中泣いていいたんだとさ。

◯この昔話の付帯目的

親孝行のカラスと親不孝のキツツキの話

この話の主人公はカラスとキツツキで動物の擬人化である。かえって身近な動物の方が昔話で聞く場合には心に残るものである。

カラスは母親が病での緊急を知り汚い野良着のままで急いで母親の元へ、そして介護をし続けるが母親は逝去してしまう。カラスは悲しみのどん底の中で泣き続ける。それを見ていた神様がカラスに大変なご利益をさずける。親孝行の者は救われる。

またキツツキは父親が病での緊急を知ると長い時間をかけてお洒落をし、父親の所に行くが既に父親の死後。それを見ていた神様はキツツキの親不孝に厳しい掟を与える。親不孝する者は救われないのだ。

◎この昔話ではいかなる事があろうとも両親を大事に（親孝行）するこ

とを教えている。

番当に殺させた旅人の話

むかしむかし、村にうんと金持ちの家があったんだとさ、その家では夏になると土用に家にある金を庭に持ち出し、お金の土用干をするんだと。

ある夏の暑い日だったと大判や小判を庭へ持ち出して土用干をしていると、見たことのない旅人がやって来て

「すまねえが水ぅ一ぺえくれて下せえまし（くれて下さい）」

とゆうんだとさ。家の者が水をあげると旅人は
「ああうんめえ、ああうんめえ（おいしい）」
といいながら水を飲んだかと思うと、庭先に陰干しをしてあるお金に目
をつけ
「あっこらあたいしたお金だ、こんなに多くの大判や小判を見たこたぁ
ねえ、国の土産によく見とくべえ（見ておきましょう）」
といってお金に近づいて、よく見ているんだと
それを見ていた主人が
「あらあ不思議な旅の者だ、事が起きてからでは困るで番当にいいつ
けて殺させよう」
といって番当に
「あの旅人を殺して来い」

といいつけたと。番当はしかたなく、主人にいわれたように旅人の後を追い、峠の所で旅人を殺し家に帰って来たと、すると主人が
「あいつをどこで殺した」
と聞くんだと、番当は
「峠の所で追いつぎ、そこで殺しました」
というと、主人は番当をうたがい
「殺した証拠が何んにもねえじゃあねえか」
としつこく迫ったと。
　番当はしかたなくナタを持ってしぶしぶ出掛けて行ったと、そして殺した旅人の片方の耳をナタで切り取りフキの葉っぱにつつんで持って来て
「これを見てくんな（見て下さい）」

といって主人の前に片耳を出して見せたと。

　ところがこのことがあってからこの家は運が悪くなって来て、家に雷が落ちて火災になったり、家の者が次々死んだりするようになって来たと、家の者は困り果て

「あの悪気のねえ旅人を番当に殺させたから、こうゆう恐ろしいことが家にふりかかって来るんだ」

といって片耳のお地蔵さまを木彫にしてもらい、殺してしまった旅人の供養をしたんだと。

　するとその後家に運の悪いことが起きなくなったんだとさ。

○この昔話の付帯目的

　番当に殺させた旅人の話

かつての旅人は信者の方も多いと聞く、この大尽の家では、大判や小判を夏土用に庭に陰干しを行っていた。見知らぬ旅人は大尽の家で水を頂きそこで見た事のない小判や大判の陰干しに驚き近寄って拝見。ところが主人はこの旅人のこの仕草を疑い番当に旅人の後を追って殺す様命ずる。番当はいたし方なく旅人の後を追い峠で旅人をあやめ帰宅。主人にその旨を告げる、すると主人は「殺した証拠がない」と番当を責める。番当はいたし方なく峠に行き旅人の片耳を山刀《なた》で切り取りフキの葉に包んで持ち帰り主人に見せる。

この事があってからこの大尽の家は運が悪く家に落雷があって家が焼けたり、家の者が病で次々死亡、悪運に見舞れる。そこで片耳の木彫りの地蔵様を作り旅人への供養を続ける、すると悪運は無くなる。人は生きて行く上で人程大切なものは無いことを忘れてはならない。己と言う狭い考えで罪無き人をあやめる事は許されない。

◎この昔話では人を疑ってはいけないことを教えている。

きついばあさんの話

むかしむかし、あるところにうんときついばあさんがいたんだとさ。

そのばあさんのことを、村の人たちは「鬼ばあさん」と呼んでいたと、そのばあさんには一人息子がいたんだとさ、その息子は気だてもよくやさしい人だったと、息子も嫁ごをもらう様な年になったが、ばあさんが気むつかしい人なんで、嫁の世話をしてくれる者はいなかったんだと。

　幾年かしてばあさんも年をとり体の自由も大変になって来たんだとさ。そこで息子も嫁をもらうことになったんだと。しかし嫁は来たがばあさんが恐ろしくて、二十日といないで逃げ帰ってしまったんだと、そしてその後十人もの嫁が来たが、ばあさんがむごいので皆んな出て行ってしまったと。もう村でも嫁の世話をする者はいなくなってしまったとさ。

　ところが村にやさしい一人の娘がいたんだと、その娘は恐ろしいばあさんの家の話を聞いて
「わしやあ、そうゆうばあさんの所へ行って、嫁をつとめてみてえ」

ってゆったと、その娘の両親はこのことにうんと反対したんだとさ。しかしその娘は両親の反対を押し切って、恐ろしいばあさんの家の嫁に

なったんだと。ところが今までに来た嫁で六十日つとめた者はなかったが、この嫁はがまんしてがまんして六十日つとめたと、しかしばあさんがあまりにも恐ろしくて、とうとうその家を出ることにしたんだとさ。嫁はばあさんに「この家を出ること」を泣きながら話すと、ばあさんは
「おめえは出てってどうするんだ」
って聞くんだと、すると嫁は
「わしゃあ親の反対を押し切って嫁に来ました、それで実家にも帰ることが出来ねし覚悟が出来てます」
ってゆうと、ばあさんは
「それ程の覚悟があるなら、わしの話を聞いてくれろ」
ってゆって松と竹と梅の木の話をはじめたと。
「お前はこの家に嫁に来たのだからな、お前のだんな様を松と考える

んだ、松の木は少しぐれえの風には倒れず青々として一年中変わらねえでいなければならねえんだ。それにな、しゅうとのわしは竹と考えるんだ、竹の笹は少しの風にもガサガサうるせえのがたてめえだ。それから嫁のお前は梅と同じなんだ、梅の木は寒くてよいでねえ中で、じっとがまんして、がまんしてきれえな花を咲かせ、そして実をいっぺえ結んでいぐんだ。それが嫁であるお前の役目なんだよ」

って話してくれたんだと。嫁はばあさんのこの話を聞き、その後ばあさんを大事にして、ばあさんと幸せに暮らす様になったんだとさ。

○この昔話の付帯目的

　きついばあさんの話

人は誰でも長所と短所を持ち合わせて生きている。ところが相手の短所のみを見てその人を評価することが常である。それは大きな誤りである。世を生きて行く上で人程大切なものはない。短所もさることながら相手の長所を把握して生きることがなにより大切なのだ。相手の短所だけが気にとまるのでなく相手の長所を知覚する心の目を開くことが大切なのだ。

江戸時代に日本画（写生画）で有名な円山応挙が写生画で馬の絵を展覧会に。すると名もない馬方がその馬の絵を見て「この馬は目の見えない馬だね」と。このことを聞いた応挙は馬方をたずねる。すると馬方は「馬は生えてる草を咬み取る時まわりの草の葉先で目を突くので必ず目をつむって草を咬み取るんだよ。あの絵の馬は目を開いたまま草を咬み取っている、目の見えねえ馬だ」と。

応挙はさっそく写生した馬をたずねると馬方が言った様に生えてる草

を咬み取る時目をつむって草を咬み取っていた。そこで応挙は心の目を開いたとゆうのである。

◎この昔話では人の短所だけ見てその人を規定するのでなくその人の長所も見られる心の目を開くことの大切さを教えている。

タヌキの恩がえしの話

むかしむかし、茂重さんとゆう百姓の爺さんがいたんだとさ。

ある日茂重さんは、町い買い物に行ってでっけえ塩鮭を一匹かって夜道い帰って来たと。

途中まで来ると息子が
「おとう（父さん）おせから心ぺえんなったで、むけえに来た」
ってゆって、茂重さんを迎えに来たと、茂重さんなあ
「そうかい、そりゃああありがてえ」
ってゆうと、息子は
「おとうの背中に背負っているのは、それはなんだ」
とゆいながら息子は、茂重さんの背中の鮭に指をさしたと、すると茂重さんは
「これか、こりゃあ鮭え。うちい土産に買って来たんだよ」
とゆうと息子は
「そうかい、重てえだんべ、それを俺が持ってやるべえ（持ってやりましょう）」

とゆうので、そのでっけえ鮭を息子に渡したと、

それで茂重さんは、すっかり安心して家い帰って来たと、すると息子が家の中で、いろりの火にあたっているんだと。息子は茂重さんを見るなり

「おとうが、あんまり遅《おせえ》から今むけえにいぐべえと思っていたとこなんだよ」

ってゆうんだと、それを聞いた茂重さんは

「さっき山までむけえに来たなあ、おめえじゃあなかったんか、こりゃあ山の悪ダヌキに塩鮭ぇ盗られちまった」

といって茂重さんは、うんとくやしがったと。

その後茂重さんは、あの悪ダヌキをどうにかして捕《つかま》えることを考えたと、それで山にワナを仕掛けたんだとさ。するとある日ワナに悪ダヌキ

がかかっていたと、茂重さんは悪ダヌキの四つ足を縄でしばって、村の庄屋様の家に持って来て
「庄屋さん庄屋さん、この悪ダヌキの畜生は、こねえだ（この間）俺えだまかして、でっけえ塩鮭ぇ盗ってしまったんだ、今夜たぬき汁にして、こいつう食ってしまうべえ」
とゆうと、タヌキぃじっと見ていた庄屋様が
「茂重さん、そりゃあおやげねえ（可哀想）。
ほうれ見てみな、タヌキの目から涙が出てるじゃあねえか、タヌキがさあ命だけは助けてくんなって、泣いているんだよ、どうだこのタヌキいわしに、売ってくめえか、タヌキに二度と悪いことをしねえように、わしからようくいい聞かせるからさ」
とゆって茂重さんから、タヌキを売ってもらったんだとさ。庄屋様はタ

ヌキの縄をはずしながら

「タヌキや、これから二度と悪いことはするんじゃあねえよ、はよう山へけえっていぎな」

ってゆってタヌキい山へ放してやったと。

　とこで庄屋様の裏は、うんと荒れ果てている藪《やぶ》だったんだと、ある朝庄屋様が裏へ出てみると、何んと荒れ果てていた土地が半分程、いい田んぼに変っているんだとさ、庄屋様は

「こんないい田んぼに、誰がしてくれたんだんべえ（してくれたんでしょう）」

といい、びっくりしたと。そしてある晩のこと庄屋様は、裏の大きな木の陰にかくれて見張っていたと、すると、この間山へ放してやったタヌキが、二匹の仔を連れて手に鍬を持って現われ、親タヌキが

「さあ、仕事をはじめるぞ」
と仔タヌキにゆうと、庄屋様が見ているとも知らず、

　やっこらどっこい
　うんこらしょ
　籔も根っこも掘り起こせ
　秋にゃ豊年万作じゃ

と大声で歌いながら籔を耕しはじめたと、それを見ていた庄屋様は
「ああ　ありがとうよ、あの時助けてやったタヌキが、恩げえしに田んぼを作ってくれるなんて」
といいながら、涙あ流して喜んだと。そしてこの田んぼでは、毎年毎年米がたくさんとれる様になり、村の人達はこの田んぼを
「たぬき田」

と呼ぶ様になったんだとさ。

○この昔話の付帯目的

タヌキの恩がえしの話

群馬の昔話の中では名主や庄屋など役人の方や、あるいは大尽の家の主人など悪事の振舞や邪険な生き方をする方が目立つが、このタヌキの恩がえしの庄屋様は違う。お年寄りから鮭をだまし盗った悪事を働いたタヌキの涙をみて、この悪ダヌキを買い受けタヌキをさとして山へ放してやる。何んと思いやりの深いそして心のあたたかい方なのであろう。いずれにせよタヌキの命を救ったのである、人もタヌキ（動物）も一度しか生まれて来ない、それ故生命は何より大切なものなのだ。殺される寸前のタヌキの涙。可哀想なものを助けてやるといいことがある。

◎この昔話では可哀想な人や弱いものを助けてやることは大切なことなのだと教えている。

ホトトギスになった子どもの話

むかしむかし、山の中に母親と男の子二人が暮らしていたんだとさ。母は嫁に来る時、男の子を連れて嫁に来たんだと。嫁に来た時居た男の子(上の子)。この子の母親は病気で死んでしまったので可哀想に思い、それでその上の子を大変可愛がり、連れて来た自分の子どもには、くれなくても上の男の子には美味しいものなど食べさせていたんだと。
ところがある日、母親が家を留守にしたんだとさ。すると上の男の子が、俺にめえんち（毎日）あんなにうんめえ物を食わせるんだから連れて来た自分の子どもには、さぞうんめえものを、うんと食べさせているんにちげえねえと思い、弟に
「おめえは、おっかさんにうんめえものを毎日、うんともらって食っているだんべえ」
ってゆうと弟は
「そんなことはねえよ、おっかちゃんは、あんちゃんを可哀想だってゆって、毎日うんめえ物を食べさせても、俺にゃあ食べさせねえんだ」
ってゆうと、上の男の子はうんと怒って
「おおくうそを言うな、そうならおめえののどを、ぶっ切って見ても

いいか」
ってゆったと、上の子どもは草刈り鎌を持って来て、弟ののどをザックとかっ切ったと、すると中から、ひきわり飯がボロボロ出て来たんだと。
上の男の子は、血にまみれて出て来た物を見て
「弟にとんでもねえことをしてしまった」
とゆって、それから夜になるとのどから血をはきながら泣き続けていたと。そしてある日上の男の子に羽根が生えて来て、ホトトギスになり、山の中に入り
「おっと、ぼっと突っ切っちゃった、おっと、ぼっと突っ切っちゃった」
と血を噴きながら一日に
「千と八声」
鳴いて弟に詫びたんだとさ。

○この昔話の付帯目的

ホトトギスになった子どもの話

後妻となって嫁ぐのに自分の男の子を連れて来た。ところが嫁ぎ先に自分の連れ子より年上の男の子がいた。嫁いで来た継母はその男の子の母親のいない事を可哀想に思い連れて来た自分の子どもより大事にして来た。美味しい食べ物も自分の子どもに与えなくても、この子には与える様にして来た。しかしそれを上の男の子は疑い、ある日継母の留守にこの事について弟を責める。弟は否定するが、兄は怒り弟の喉を鎌で切り開くと何んと血にまみれた麦飯（ひきわり飯）がぼろぼろと出て来た。たまりかねた兄は「弟に申し訳ない事をしてしまった」とホトトギスになり山に入って一日に千と八声血を噴きながら鳴いて継母と弟に詫びる。

嫁いで来た継母が母のいない子どもを思い連れて来たわが子より大事にして来た。これが上州女の心のやさしさなのだ。この慈愛を疑った兄の軽薄さは許し難い。

◎この昔話では人を疑ってはいけないことを教えている。

ホトトギスになった山芋掘りの兄の話

むかしむかし山の中に、仲よしの山芋掘りの兄弟がいたんだと。その兄弟は掘って来た山芋を売って生活していたんだとさ。村のテエ（人達）

は真面目なその兄弟を「よくかせぐ兄弟《きょうでえ》だ、えれえ（えらい）もんだ」とほめたたいていたんだと。

ある日山芋を掘って来て、いつもの様にいい芋を兄が売りに行き、弟は残りのあまり良くない芋を洗い、なべに入れて煮ていたんだと、

ところがどうした事か兄がなかなか家に帰って来ねえんだとさ。弟は心配して庭に出ては兄の帰りを待ったと、弟はぼつぼつ芋が煮えたかと思って、なべのふたを取りそばにあったボヤの細枝でなべの芋に突き刺して口に入れたと、するとそこへ兄が帰って来て兄は弟に向って「おめえはおれの留守に、芋のいいところを食ってたな。許せねえ」と責めたと、

すると弟は「兄ちゃんそりゃあ違う違う俺は煮えたかと思って、今一つだけ口に入れただけなんだよう」しかし兄は弟の言うことを信じな

かった。そして弟を責め続けた、すると弟は泣きながら「兄ちゃんそんなに俺を疑うんならおれの喉をかっ切って見てくれ」と。すると兄は芋堀鍬を弟の喉にザクッと突き刺すと、血にまみれたわるい芋の一片がころっと落ちたと。それを見た兄はそこに立ちすくんでしまったと、

そして「弟に申し訳ねえ事をしてしまった、弟よ許してくれ許してくれ」と叫びながら近くの山の谷間にかけ込み、ホトトギスになって「弟恋しやぼっと突っ切ちゃった、弟恋しやぼっと突っ切っちゃった」と血を噴きながら一日に千八声鳴いて、弟に詫びたんだとさ。

◯この昔話の付帯目的

ホトトギスになった山芋堀りの兄の話

村の人達から真面目だとたたえられていた山芋堀りの兄弟、掘った山

芋を売っての生活。しかしふとした事から兄が弟を殺めてしまう。

この兄は弟の真実を見抜くことが出来なかった。人はどうしても真面目で几帳面な性格な人程、すべて己と同じと考えて行動してしまいがちか知れない。

弟を殺めてはじめて弟の真実がわかり、弟に申し訳ないとホトトギスになって山に入り「弟恋しやぼっと突っ切ちゃった」と血を吐きながら一日に千八声鳴いて弟に詫びる。しかし逝った弟は生きて戻って来ないはずだ。

この山芋掘りの兄は己の主観だけで弟を規定するのでなく、主観と客観の接点で物を見る（規定する）ことが大切なのである。

◎この昔話では人を疑ってはいけないことを教えている。

お地蔵様のお礼の話

むかしむかし、正直な爺さんと婆さんがいたんだとさ。その家はうんとびんぼうだったと、それで正月が来るのに餅もつけない仕末だったんだとさ。

爺さんはおおみそかの日に自分で作った木鉢と、婆さんが織った布を背負って雪の降る中を町へ売りに行ったと。しかし雪は降っているし、おおみそかの日のせいか誰も買ってくれる人はいなかったんだと。爺さんは雪はうんと降っているしあきらめて、とぼとぼ家へ帰りはじめたと。それで町はずれまで来ると道っ端に、お地蔵さんが六人雪ん中に寒げに突っ立っているんだとさ。それを見た爺さんは

「お地蔵さん、雪ん中で寒いだっぺ（寒いでしょう）」

ってゆいながら婆さんが織った段物をぶっつあべえて（破って）お地蔵さんの一人一人に、ほうかぶりをしてやり頭の上に爺さんが作った木鉢を笠がわりにかぶせて家に帰って来たと、すると婆さんが爺さんを見るなり

「爺さんや布は売れたんべか、それに正月買い物をして来てくれたんべか（くれたですか）」

ってゆうんだと、爺さんなあ

「布も木鉢も誰も買ってくれなかった、それでなあ、お地蔵さんが寒げに雪ん中に突立っていたもんで、おやげなく（可哀想）になって、おめが織った布でお地蔵さんにほうかぶりをしてやり、頭の上に笠がありに木鉢い乗せて来たんだ」

ってゆうとそれを聞いた婆さんが
「へえーお爺さん、そらあお地蔵さんにいいことをして来てくれたむし（してくれたね）」
ってゆって大変よろこんだと。それでその晩の夜中のことだったと表の方で
「それ引けやれ引けヨーイショ、ヨーイショ」
ってソリを引く掛け声がして来るんだと、爺さんと婆さんは
「こんな雪の降る夜中ぁソリぃ引くなあ誰だっぺ（だれでしょう）」
ってゆいながら雨戸のすき間から外を見ると、
何んと木鉢ぃ頭に乗せて来た六人のお地蔵さんが、ソリに米だの餅だの魚などたくさん積んで来て、爺さんの家の庭にそれを降ろして帰って行ったと。爺さんと婆さんはお地蔵様のお陰でいい正月をすることが出

来たんだとさ。

※木鉢…蚕を上蔟する時、シマダに移す際に入れる木の器

○この昔話の付帯目的

お地蔵様のお礼の話

人は死後次の世に行かなければならない、そして死者は先ず葬途河を渡らなければならないのだ。その河畔には地獄鬼の赤鬼と青鬼が金棒を持って死者を待ちかまえており、死者が生前悪事を働いたか否か責め折かんする。そして悪事がわかると死者の舌を抜き、裸足にして針の山へ追いやられ、下山すると血の池（人間の生血の満ちた池）に投げ込まれ、生血を飲みながら死んで行くのだと、これが地獄と呼ばれている。しかし死者が鬼に葬途の河畔で責め折かんされている現場にお地蔵様が突如

鉄の尺丈を持って現われ、尺丈で鬼を追い払い極楽へ死者を導いて下さるのだ。人間の次の世の事であるが昔話を通して生前善良な生き方をするのとお地蔵様を大切にすることを教えている。宗教とか信仰とか大袈裟なことではなく昔話を通してお地蔵様の大切さを告げているのである。

◎この昔話では生前の善良な生き方と仏（お地蔵様）の大事さを教えている。

正直な女中（お手伝い）の話

むかしむかし、うんと大尽の家に正直な女中がいたんだとさ。ある日その家の主人が女中に

「今日は正月の十五日だ、これから俺は出掛けるがこの家ではな、昔からこの日は火を絶やしちゃあならねえことになっている。もし火を絶やすと福の神が家に入らねえといわれるので、お前は火の番をしてどんなことがあっても火を絶やさねえようにしてくれ」

と頼んだと。女中はその晩古い木の古根っこなどいろりにくべて火を燃していたが、疲れてふと眠ってしまったと、するとその間に火はすっかり消えてしまったんだとさ。

女中はあれ程主人にきつく頼まれながら火を絶やしてしまってすまないことをしてしまったと思い、家のそとに出て近くに火を燃やしている家はないかと思ってさがしたが、どこにも火を燃している家はなかったんだと。

女中がふと山の方を見ると山のふもとに小さく灯が見えるんだと、女中はその灯を目ざして夢中で走ったと、そしてその家にたどりつき雨戸のすきまから家の中をのぞくと、年老いたうす気味の悪い白がの婆さんが、出刃包丁を研いでいるんだと、女中は家の中に入り

「お晩です（こん晩は）」

っと声を掛けると婆さんはふり向いて怖い声で

「こんなおそくに誰だ」

ってゆうんだと、女中は

「だんな様に頼まれた火を眠ってしまい消してしまったので、申し訳ないが火をもらいに来たのですが」
とゆうと婆さんは
「そうか火はやるがな一つおねげえがある。この棺ばこ（死人の入った）を背負って行ってくれるか」
とゆうんだとさ、女中は
「棺ばこは背負って行きますから」
といい棺ばこを背負い火をもらい家に帰り、棺ばこを台所のすみの所に降ろして、火をたいていたと、しかし「死人の入った棺ばこを持ち込んで」と主人にひどく怒られると思い、翌朝早起きして棺ばこを開けてみると何んと棺ばこの中は死人でなくお金がいっぱい入っているんだと。女中は驚いて寝ている主人を起こしに行き、主人に昨夜のことを正直に

話したと、すると主人は驚いて棺ばこのふたを開けてみると、女中の言うようにお金がいっぱい入っているだと、主人はお金をみて

「お前が正直だからこのようなことになったのだ、このお金はお前に全部あげるから持って行き、お母さんが待つ実家に帰って、お母さんと幸せに暮らしな」

といって女中はお金をもらい、母親と仲よく暮らすことが出来たんだとさ。

○この昔話の付帯目的

正直な女中（お手伝い）の話

上州で育つ子どもはこの正直で責任感の強い上州女性の生き方の昔話を聞いて成人に成って行ったに違いない。

女中は仕える主人に家伝の火を絶してはいけない、正月十五日の大切な火の番の依頼を受ける。火の番をしていてふと眠ってしまい火は消えてしまう。主人に申し訳ないと夜半表に出て灯のついている家を目指して火を貰いに。怖い婆さんにお願いすると「死人の入った棺箱と火を一緒なら差し上げる」とそれを頂き帰宅、棺箱を開けてみると大金。主人にこのことを告げると主人は女中の正直さと責任感に打たれ「大金はすべて女中に」と女中は母と共に幸せな生活に。

◎この昔話では正直さと責任感を持って生きることの大切さを教えている。

カッパに負けた子どもの話

むかしむかし、村の子どもが家の近くの川に遊びに行くと川岸の草の中からカッパの子どもが出て来て村の子どもに
「おめえはいつもおらが（私ども）が住んでる川に、何んで遊びに来るんだ来ちゃあなんねえ」
ってゆって、いつもとっくみあいのケンカになるんだと。ところが必ずカッパの子どもがケンカに負けるんだとさ。カッパの子どもは負けると大声で泣きながら川の中へ帰って行くんだと、カッパの子どもは川に帰ってから
「人間の子どもがあんなにつええのは、食ってるものが俺とは違うん

だんべえ、こんど逢ったら聞いてんべえ」
とゆったと。そして次の日のことだったと。
村の子どもと川の渕で二人は出会ったと。
そしてケンカになりその日はいつになく
カッパの子どもがひどくやられてしまった
んだとさ。
カッパの子どもは泣きながら
「あんたあえらくケンカが強いが、何を
食っているんだい」
って人間の子どもに聞くと
「おらあ（俺は）仏様へ進ぜた残り飯い、うちのもんが（者が）めえ
んち（毎日）少しでもいいから食え、ってゆうからいつも仏様の残り飯

い食って来るんだ」
ってゆったんだと。するとカッパの子どもは心配げな顔つきになって、しばらく考えていたが
「おめえはあしたここへ来る時、その仏様に進ぜた飯い食わずに来てみな」
ってゆうんだと、すると人間の子どもは
「いいとも、おめえがそうに言うなら仏様に進ぜた飯なんかろくにうんまくもねえ、家の者に知れねえように食わねえで来る」
とカッパの子どもと約束して別れたと。
次の日人間の子どもはカッパと約束したように、仏様の残り飯を食わず川原へやって来たと。それでいつもの様にケンカになったと。ところが人間の子どもはカッパの子どもにひどく負けてしまったんだと。人間

の子どもは泣きながら家に帰って来たと。するとそれを見た家の者が
「仏様の飯い食わずに川原へやんだ（行ったな）、だからカッパに負けたんだ」
ってゆったんだとさ。

○この昔話の付帯目的

カッパに負けた子どもの話

かつての群馬での各家庭では朝には仏壇にご飯とお茶を進ぜ家族の誰もが仏壇に手を合わせて拝み、更に毎月の一日と十五日には神棚に榊・花・水を奉納して家族の誰もが手を合わせて生きて来た。このことは宗教とか信仰などと言った大袈裟なものではなくその家の生活習慣（家風）であったのだ。この様な生活習慣から思いやりややさしさの心が生まれ

て来たのである。この昔話の中の少年は川沿でカッパと争ってカッパを常に負かせて来た。その陰にはご先祖の尊い尽力があったのだ。かつての群馬の共同体の中での各家庭では仏壇に進ぜたご飯（残り飯）にはご先祖の尊い魂が宿っていると考えて来た。ここに今にない上州人の祖先に対する謙虚な心が見えてくる。

◎この昔話では祖先を敬い大切にすることを教えている。

白蛇になった二人の浪人の話

むかしのことだったんだとさ、大阪にでっけえ戦争があったんだと、

するとお上からおふれが出て

「どこの村からも五人ずつ大阪の戦いの手伝いの男を出せ」

と言うことになったんだと、すると各村では

「お上のことでは出さねえと、後でうるせえことになるから」

と言って戦いの手伝いの男を揃えたと、ところがこの村では

「戦争にやぶ（行く）と殺されるから」

と言う村人が多く誰も希望する者はいなかったんだと、そこで村の名主は困ってしまい村中をさがしたと。すると腕の強い浪人が二人いることを知り名主は村人と相談して二人の浪人に

「大阪の戦に行ってくれれば帰って来た時村の土地を半分くれっぺえ（くれましょう）」

と持ちかけたと、すると二人の浪人は名主をじいっと睨みながら

「いま名主が言ったことは、うそじゃあねえな」
とゆって大阪の戦争に行くことを引き受けたと、村ではよかったよかったと言って皆んな喜んだと、村人たちは浪人の二人が大阪に行くのを村はずれまで見送ってやったと、それから半年程して大阪の戦争は終わり村人たちは
「でっけえ戦争だったから村から行った二人の浪人は、死んでしまったんにちげえねえ（ちがいない）」
と言っていたと、ところが二人の浪人は元気で村に帰って来たと。それで二人の浪人は名主の家に行き
「無事にけえって来たで、あの時の約束の土地ぃいただきてえ」
と名主に言うと名主は
「今夜、夜中に名主の私どもの所に来るように」

と話し名主は村人たちと相談して二人を打ち殺すことにしたんだと。それとは知らず二人の浪人が夜中名主の家の庭まで来ると村中の者が総がかりで二人の浪人を打ち殺してしまったんだと。二人の浪人は死ぬ間際に

「俺たち二人をよくぞだましたな。この村の者は皆んな根だやし（生きている者が一人もいないよう）にしてやる」

といいながらくやしがって死んでいったと。

それから数日後、名主の家の軒下に太い白蛇が二匹住みついてしまい、夜になるとその白蛇の目玉が蒼白く光り、口から真赤なべろを、チョロリ、チョロリと出し、名主の家族は恐ろしくて、毎日ふるえあがっていたと、その後、この村に疫病が広がって村人のほとんどが死んでしまったんだとさ。

○この昔話の付帯目的

白蛇になった二人の浪人の話

如何なる事があっても約束は守らなければならないのだ。

お上から戦場に行く人間を出す様にとの達示があったがこの村では誰一人参加するものはなく困り果てた名主などが、村に住む二人の浪人に出征する事を進め、無事帰還の折りには村の土地半分を与えると約束。二人の浪人は戦に挑み無事帰還。ところが二人の浪人を村総出で打ち殺してしまう。これはあまりにも身勝手で無慈悲なやり方すぎる。二人の浪人の怨念が白蛇となって名主の家に現われ家族は恐怖の日々。更に村には疫病が大流行そして村人の多くが死滅となった。人と人との約束を守ること程大切なものはないはずである。

◎この昔話では約束を守ることの大切さを教えている。

蛇になって来たおかみさんの話

むかしむかし、仲の悪い夫婦がいて毎日のようにけんかしていたんだとさ。蚕で忙しいときのことだったと、ふとしたことで夫婦は大きな争いになったんだと。それはいつになく大きなけんかだったんだと。近所の人たちは

「またけえきよくやってるぜ」

といって止める者もいなかったと、ところがこのけんかでおかみさんが大変くやしがって

「死んで蛇になって化けてやるからみてろ」

って主人に言って家を出て行ってしまったんだと、ところがそれから幾

日かして主人に夢みが悪くなり更に夢でうなされることが続いたと、そうこうしている間にお盆になり座敷に盆棚を飾って盆むかえをして帰って見ると、盆棚に太い蛇がとぐろを巻いて主人をじいっと睨んでいるんだと主人はその蛇に向って

「やっぱり、おめえ（お前）は化けて来たんだな」

ってふるえ声でいいながらその太い蛇を青竹の先に引っかけて、庭の水たまりの中へ投げすてたと。するとその太い蛇は水たまりから飛び出して来て、盆棚にするするとはい上ってかま首を上げ真赤なベロをチヨリ・チヨリと出しながら主人をじっと睨んでいるんだと。

家の者も近所の人たちも蛇を見て

「盆になったんで死んだおかみさんが化けて来たんだ」

と言って恐ろしがったと。主人はその蛇に困り果て

「これじゃあ新盆ぶるめぇ（新盆会）も出きねぇ」

といいながら今度は盆棚にいる蛇をぐいとつかんで庭へ投げすてたと、するると蛇はぐるりと体をかわして家に入り込みまた盆棚に登って赤い舌を出しながら主人を睨み続けたと。

それから盆も過ぎて間もなく次にもらった主人の嫁が死んでしまったと。村の人達は「あれは死んだおかみさんの祟りだ、恐ろしいことだ」と言って恐ろしがったんだとさ。

○この昔話の付帯目的
蛇になって来たおかみさんの話
夫婦は他人同士が一緒に成り生涯生きて行かねばならない運命にある。その生活の中で意見の相違は多々ある。だがこの昔話の夫の様な考えで生きたら生活は破滅。現今若者のみか、熟年離婚等耳にする。それぞれの夫婦の生活は千差万別であるが、より大切なのは女性は本能的にやさしさ・深い愛・そして思いやりの心を秘めていることを忘れてはならない。意見の相違の時であっても相手を傷つける言葉は何より禁物である。

この昔話の女性は無感心な夫に絶え難く命を絶ってしまう。そして女性の怨念が蛇となって現われ、更に後妻で来た夫の嫁も死に至ってしまう恐ろしいことになる。

◎この昔話では女性に対し深い客観性と慈愛を持って生きることを教えている。

あずき研ぎ婆ばあの話

むかしむかしあずき研ぎ婆ばあが出て、村の子どもがさらわれたんだとさ。

村の地蔵めんの所は大きなやぶがあって昼間でもうす暗く気味の悪い所なんだと。そのうえ近くに墓場があってその墓場のすぐわきに橋があり村の人たちは、その橋を

「おっかねえ（怖い）はんね橋」

と呼んでいたんだとさ。村の子どもがあずき研ぎ婆ばあにさらわれるのはこの橋を通るときなんだと。はんね橋の下ではあずき研ぎ婆ばあがザッコラ・ザッコラあずきを研ぎながら

「あずきい研いで食うべえか、子どもを捕って食うべえか」

ってゆっているんだと。

ある日村の子どもが夕方一人で店へお使いに行くので、そこを通りがかると橋の下で変な音がするので立ち止ると、ザッコラ・ザッコラあずきい研ぐ音なんだと、するとその音がぱったり止んだかと思うと子どもの手前に白が頭で指の爪が長ーく伸びた恐ろしい婆さんが現われたかと思うと、その子どもを横かけえにして橋の上から川へボシャーンと飛び降りて、子どもをかかえたまま川上へ姿あ消してしまったんだと。そして夜になっても子どもが帰って来ないので村中にふれを回して、村中さがした

が子どもは見つからないんだと。村の人たちは「また、はんね橋のあずき研ぎ婆ばあにやられたんにちげえねえ（まちがいない）」って言って恐ろしがったんだとさ。

○この昔話の付帯目的

　あずき研ぎ婆ばあの話

かつては「夕方遅くまで遊んでいると怖いあずき研ぎ婆ばあに連れて行かれてしまう」と子どもにこの昔話を聞かせて安全教育を行って来た。地域によってはあずき研ぎ婆ばあは子どもをさらうのみか、子どもを喰ってしまうとも言われている。そして人間の肉はあずきの味がするのだと、あずき研ぎ婆ばあの怖さがより迫って来る。

かつて生活の中では子どもが川や古井戸に落ちたり、毒蛇に咬まれたり等々で尊い命を落としてしまった。そこで事故を防ぐべく、この昔話を通して子どもの育成につとめて来たのだ。

現代社会では青少年育成条例により十八才未満の者は夜十時以後の外出は保護者同伴でないと指導（補導）を受ける。

この様な現代社会の行政的な安全教育の在り方と、かつての共同体の中での昔話を通しての安全教育。やはり民話を語り聞かせての安全教育に深い暖かみを感ずる。

◎この昔話では大切な子どもの生命を守る為めに危険性を伴う夕方早く帰宅することを教えている。

蚕になった白馬と娘の話

むかしむかし、名主のうちにきれいな娘がいたんだとさ。その名主のうちじゃぁ白馬をかっていたと。その白馬と娘はいつの間にか恋仲になってしまったんだと。

白馬は娘と恋仲になってから娘が与える餌は食うが、家の者や番当がくれる餌は食わなくなってしまってしまったと。番当は娘と白馬が恋仲になったことを名主様に話すと名主は、「そんな馬鹿な話があるもんか」と番当の前でうんと怒ったと。しかし名主も不安になって、雨の降る晩そっと馬小屋をのぞいて見ると、すると白馬と娘が寄りそって娘が白馬に「白馬の嫁になります」って話しているんだと。名主はうちに飛び帰り番当たちに「娘と白馬を引き離せ」といい付けたと、番当たちはどうにして娘と白馬を引き離すか相談し白馬に「馬場のまわりを百回続けて走る事が出来れば娘と結婚させてやる」と話し馬場を走る事になったと。そこで馬場を走らせると白馬は見事馬場を百回走り抜いたと、困った番当たちは相談して、娘に知れないように白馬を連れ出し川原に連れて行き白馬を殺してしまったんだと。

それとは知らず娘が馬小屋に行って見ると白馬がいないんだと。娘は夢中になって白馬をさがしまわったと。すると庭に白馬の足跡があるんだと。娘は足跡をたどり川原に行って見ると、なんと川原の砂の上に白馬の皮が干してあるんだと。それを見た娘は大声で泣きながら白馬の皮に近づくと、白馬の皮は娘をぐるぐるっと巻いて空高く舞い上ってしまったと。

それから何日かたったある日名主の家に、空から白い虫と黒い虫がいっぺえ（沢山）降って来たと。それでその虫が蚕だったんだとさ。

○この昔話の付帯目的

　蚕になった白馬と娘の話

馬と人間の娘との結婚と言う奇妙な話である、昔話の中では動物の擬人化は決して不思議なことではない。かつての群馬での生活は馬と一つ屋根の下で同居していた。とぼ口（玄関）から家に入ると右側に馬屋が在り馬と人間が極く身近な生き方であった。更に動物である馬を仏（馬頭観世音）として信仰して来ている。

　その証しが県内各地に馬頭観世音の石造物が多く建立されている（文字馬頭観世音・浮彫馬頭観世音・丸彫馬頭観世音・三面《さんめん》馬頭観世音等）

いかに上州人と馬との深いかかわりがあったかが知れて来る。更に新年の初午の日には神社等で養蚕行事が行われ参加するとその年蚕があたるのだと。

　この昔話では白馬と娘が恋仲となり主人の反対で馬は殺され、川原に皮が干されその馬の皮に巻き込まれ娘は天高く舞い上がってしまい、やがて娘の家に天から白い虫と黒い虫が降って来てこれが蚕なのだと。

◎この昔話では養蚕県群馬での蚕の誕生の根元は女性が蚕に誕生したことを教えている。

蚕になった女の子の話

むかしむかし、おとっつあんとおっかさんと女の子が三人で暮していたんだとさ。

ところがある日おっかさんが病にかかって死んでしまったと。おとっつあんは残された女の子がおやげなく（可哀想に）思って、次の嫁をもらったんだとさ。このまま母ははじめのうちは女の子をでえじ（大事）にしていたが、月日がたつのにしたがって女の子がじゃまになり女の子をいじめる様になったと。

ある日父親がいく日か遠くの旅にいぐことになったんだと。そして父親が旅に出て行くと、

「こらあいいあんべえだ、じゃまな女の子を山ん中へぶちゃってくべえ」

といって山の中へ連れて行き獅子落としの穴（いの獅子が来られない様に深く掘った堀）に女の子を突き落として、まま母は家にけえって来たんだとさ。すると女の子が家にけえって来たと、女の子を見たまま母はうんと怒って、

こんどはふけえ竹やぶんなけえ女の子を捨てて来たと、すると女の子はまた家に帰って来てしまったんだと。まま母はますます怒って、こんどは女の子を舟に乗せ川に流してしまったと、女の子を乗せた舟は勢いよく下流へ流れて行ってしまったと、まま母は

「これであのがきは家い帰って来られめえ」

と言って喜んだと。ところが川下の人が女の子が一人乗った舟をみつけ

助けてくれたと。それで女の子は道を聞きながら、ようやくのことで家にたどりつくことが出来たと。すると女の子を見たまま母はうんと怒って、庭の片すみに深く穴を掘り、その穴の中へ女の子を突き落とし土でうめてしまったんだと。

それからいく日して父親は旅から帰って来たんだとさ。ところが女の子の姿が見えないんだと不思議に思いまま母に聞くと

「娘はどこかへ遊びに、やんだ（行った）んだんべえ」

って云うんだと、父親はますます心配になってさがすと、庭の片すみからピカピカ光が出ているんだと、父親は不思議に思いその光の出ている所を掘って見たと、すると死んだ女の子がいるんだと、父親はうんと悲しんだと。

父親は女の子の墓をそこに作り毎日毎日墓まいりを行っていたんだと

さ。それで墓まいりを始めて四十九日めの日に、墓まいりに行くと墓の所に白い虫がたくさん、はいまわっているんだと、父親はその虫を見て
「こらあ女の子が生れ変わって来たんに違いねえ」
っていって家いその虫を持って来たと、するとその虫がどんどん大きくなり桑を食い、口から糸をはき出し白いめえ（繭）を作り幾日かたつと、めえを食い破ってひいろ（ちょう）になって出て来たんだと、ところがこのひいろが女の子によく似ているんだとさ。それからそのひいろを蚕の神様（おしら様）って、ゆうようになったんだとさ。

○この昔話の付帯目的

　蚕になった女の子の話

養蚕県群馬での蚕の誕生は、惨い仕打ちを受けてその果て逝ってし

まった女性が蚕となって現われている。この昔話ではまま母に女の子は山へ捨てられ、次に深い藪に捨てられ更に舟に乗せられ川へ流される。それでも帰って来ると庭へ穴を掘って生き埋めとなる。恐ろしい仕打ちの果て非業の死に至ってしまうが女の子の怨念は蚕となって現われる。

群馬では蚕の神を「おしら様」と言いおしら様は女性なのである。上州女性を「空っ風にかかあ天下」と言われるがかたや蚕の神となっている。

この様に非業の死を遂げた方を、現世に生きる上州人はそのままでは済まさない。「蚕にし更に蚕の神とするのだ」。ここに上州人ならではの他に見られないやさしさと思いやりがあるのだ。

◎この昔話では養蚕県群馬の蚕の神（おしら様）は女性であることを教えている。

鳥になった女の子の話

むかしむかしまま母に育てられた可哀想な女の子がいたんだとさ。まま母はその女の子をうんといじめていたと。ある日父親が遠くへ仕事に出掛けたとするとまま母は

「今日はおとっつあん（父親）がいねえもんで、その分までうんと働け、先ず前の川へ行って篭で水ぅ汲んでこい」

って言いつけたと。女の子は篭を背負って川へ行ったが、篭から水がもぐってしまいどうしても水を汲むことは出来ないんだと、女の子は篭を背負ってしぶしぶ家に帰って来ると、それを見たまま母は

「なんで篭で水が汲んで来られねえんだ、水が汲んで来られねえんな

ら、山へやんで（行って）バラを刈り裸になってバラを背負って来い」っていいつけたと女の子は鎌を持って泣き泣き山へ行ってバラを刈り、猿とりバラを一束刈り裸になってバラを背負ったが、バラのトゲが背中に刺さって痛くて痛くてどうしても背負って来られないんだと、女の子はしぶしぶ家に帰って来たと、まま母は

「この意気地なしめ、どうしてバラが背負って来られねえんだ」

と言いながら女の子をうんといじめ続けたと、

するると女の子の姿が急に見えなくなったかと思うと、きれいな一羽の小鳥がすうっと空へ飛んで行ったと。その様なこととは知らず父親は急いで山道を帰ってくると。すると谷間できれいな小鳥が、いい声で啼いているんだとさ。父親はその小鳥があまりいい声で啼いているので、立ち止まって啼くのを聞くと

チーンチロリン
チンチロリン
おとっつあんがいたならば
篭で水ぅ汲むまいし
裸でバラをしうまいし
チーンチロリン
チンチロリン

ってくり返しくり返し啼いているんだとさ。「父親は不思議なことを啼く鳥がいるもんだ」と思いながら急いで家に帰って来てみると、女の子の姿が見あたらないんだと。まま母にたずねると

「わしの言うことを聞かねえから、うんとしめたら女の子の姿がめえなくなって、きれえな鳥が一匹飛んでった」

と言うんだと、父親は急いできれいな小鳥が啼いていた谷間へ急いで
行って見たが小鳥の姿は見あたらなかったんだとさ。

○この昔話の付帯目的

　鳥になった女の子の話

まま母は父親の留守に女の子に「篭で水を汲んでこい」「裸でバラを背負って来い」とあまりにも残酷。果たせない女の子を厳しく責め立てる女の子は絶え難く綺麗な小鳥となって飛び去ってしまった。

　遠くの仕事から帰る途中の父親は谷間で美しい声で「おとっつあんがいたならば…」と啼く綺麗な小鳥に出合う。不思議に思い急いで帰宅、女の子の姿は見えないまま母は女の子を責めたら綺麗な小鳥が空へと。父親は急いで谷間へ、しかし小鳥の姿はなし。

父親が小鳥に逢いたかった。小鳥も父親にどうしても逢いたかった。

群馬の昔話ではまま母から女の子への虐待が多い。

昔話とは違い群馬県内では（明治末期から大正・昭和初期）にかけて、五才から十才頃の女の子が子守奉公に出された。そして奉公先から親元へ金銭は先払いされた（人身売々に等しい）。奉公先での子守りの苦悩は目にあまるものがある。群馬の空っ風にかかあ天下と言う群馬女性向けの言葉がピンと来ない。

◎この昔話では己の価値感だけで人を規定しないことを教えている。

ぬかぶつと米ぶつの話

むかしむかし、ぬかぶつと米ぶつという姉妹がいたんだとさ。

ぬかぶつの母親はぬかぶつが小さいときに病で死んでしまったんだと。米ぶつは次に来た母親の子どもなんだとさ。米ぶつは母親にうんと可愛がられたと。ある日母親がぬかぶつと米ぶつに

「山へやんで（行って）栗を拾って来な、多く拾って来た者を芝居見に連れて行くから」とゆって二人にそれぞれ一袋ずつ持たせて山へやったと、ところがぬかぶつの袋の底に穴が開いていて、いくら栗を拾って入れても穴からもぐってしまい栗がたまらないんだとさ。

米ぶつは袋いっぱいに栗を拾いぬかぶつを山においで家に帰ってし

まったと、ぬかぶつは困り果てて山で泣いていたと、するとそこえ白が頭の女の人が現われたと、ぬかぶつはびっくりしてその女の人を見ると、その人は死んだぬかぶつの母親によく似ているんだとさ。その女の人が

「ぬかぶつや、なぜ泣いているの」

って聞くんだと。ぬかぶつが困っていることを話すと、その女の人が一本の小槌をぬかぶつに渡しながら

「ぬかぶつや、困ったときこの小槌で自分の願いごとをいいながら、地面をたたけば願いごとがかなえるからな」

と教えてくれたんだと。ぬかぶつはさっそく

「糸と、針出ろ」

っていいながら小槌で地面を打つと、糸と針が出て来たと、ぬかぶつはそれで袋の穴をぬって栗を袋いっぱい拾って家に帰ると、母親は

「ぬかぶつ、おめえ（お前は）栗を拾って来るのがおせえから芝居見には連れていがねえ、おめえは水車小屋で粟《あわ》つきの番をしろ」っていいつけて、米ぶつを連れて芝居見に行ってしまったと。
ぬかぶつは、ひとりで水車小屋に行って粟つきの番をしていると、そこえ山で出合った白がの女の方が現われ
「ぬかぶつや、お前は山でもらった小槌があるだろう、いいベコ（いい着物）出ろ、かごかき出ろってやってごらん」
って教えてくれたんだと、ぬかぶつはさっそく
「いいベコ出ろ、かごかき出ろ」
といいながら小槌で地面を打つと、きれいな着物とおかごが出て来たと。
ぬかぶつはその着物に着がえ、おかごに乗って芝居見に出掛けたと。するとそこを殿様の息子が通りかかり、きれいなぬかぶつを見て殿様の息

子に見そめられ、正直者のぬかぶつは殿様の息子の嫁さんになることが出来たんだとさ。

○この昔話の付帯目的

ぬかぶつと米ぶつの話

まま母の子どもは、米ぶつと言い先妻の子どもはぬかぶつ。このまま母はわが子にはやさしくぬかぶつには薄情な生き方。栗拾いで、我が子の袋はまともな物を持たせ、ぬかぶつには袋の底が穴あき、拾っても拾っても袋に栗は溜まらない、栗拾いで帰宅が遅いとてぬかぶつは芝居見に連れて行かず水車の番に。どうしてこの様な非道なことが出来るのか、どうしても理解し難いまま母のこの様なひどい仕打ちに絶えて生きて行くけなげなぬかぶつ、すると母に似た方が現われぬかぶつに協力、そしてぬかぶつは幸せとなる。苦悩にめげず絶えて生き抜くその陰には必ず幸の光妙のあることを忘れない。

◎この昔話では苦悩に絶えて正しく生き抜くことによって最後は救われることを教えている。

化け猫とお粥の話

むかしむかし、お粥の大嫌いな父親がいたんだとさ。ある日その父親が遠くの親せきに行くことになったんだと。父親は朝早く家を出て親せきへ向かったと、家の者は

「今日は父《と》っちゃんがいねえで久しぶり夕飯はお粥にすべえ（しましょう）」

ってゆって菜っぱと大根を切り込んでお粥を作ったと。そしてその晩は家の者も飼い猫もお粥を食べる事にしたと。ところが猫は粥に口いつけたが粥が熱くて口を左右に振ってその後粥に近づかなかったんだと。

それとは知らず次の日の夕方父親が遠くの親せきから帰る途中家の近くの墓場の所まで来ると、変な話し声がするんだとさ。不思議に思って立ち止まって聞いてみると何んと猫が
「俺の家はなあ親じが留守なもんで親じの大嫌えなお粥を作り、それが熱くて口ぃやけどをしてしまった。親じが居れば親じはお粥が大嫌えだからお粥なんか作らねえんに」

ってゆってるんだとさ、それで墓場をのぞいて見ると何んと八匹の猫が

手拭いで頬かぶりして

「親じが来ねえ間にストトン踊れ」

と歌いながら猫が踊っているんだと、親じは急いで家に帰り家の者に

「俺の留守に粥をして食べたのか」

って聞くと家の者はおどろいて

「どうしてお粥をしたのが、あんたあ知っているんだい」

ってゆうんだとさ、父親は

「旅から家の近くの墓場の所まで帰って来ると、家の猫の声でな父親が留守なもんで父親の大嫌えなお粥を作り、それが熱くて口ぃやけどしてしまった。とゆってたんだ」

って家の者に話したと。すると家の者はびっくりしてしまったと。そしてそれ以来猫は家に帰って来なかったんだとさ。

○この昔話の付帯目的

化け猫とお粥の話

猫も家族の一員である。そして人間以上に猫は敏感。見知らぬ人が来ると真先に家族の居る方へと走る。更に寒い夜には家族の寝ている布団の中に許しなくもぐり込んで来て、ゴロゴロ・ゴロゴロと無気味な音を放ち続ける。猫の腹中にはオルゴールが設置されているのであろうか不思議。猫は大切な家族の一員なのだ。

この昔話の主人は粥が大嫌い、ところがこの家では主人の留守に粥を作り猫にも食べさせる。すると猫は粥が熱くて口を火傷してしまう。主人はこの家の大切な主権者である。例え主人が留守であっても主人の嫌いな粥を作るべきではない。

そして家族は常に平等の営みの中にあっても家の主権者を尊ぶ心を忘

れてはならないのだ。

◎この昔話では家族は慣れ親しんだ深い仲にあるが、家の主権者への信頼と礼節を忘れてはならないことを教えている。

小判を盗られた女坊主の話

むかしむかし、旅の女坊主が夕方村に来て

「今晩ひと晩、泊めてくれませんか」

って言って来たが誰の家でも泊めるものはなかったと。ところが村の大尽の家で泊めることにしたんだとさ。女坊主はうんと喜んだと、泊まっ

た夜女坊主はチャラン・チャランと金音を立てているんだとさ、その家の主人はおどろいて

「お坊さん、金音がするが、何んでがんすね（何んですか）」

って聞くと女坊主は、キンチャクから小判を二、三枚出して主人に見せながら

「だんな様、この小判なぁわしの命より大事な宝物なのでご座居ます」

っていいながら小判の入《へえ》ったキンチャクをしっかりだいじそうに握りしめたと。それで夜中になって家の者がすべてねしずまったとき主人が、女坊主がねている部屋へそっと入って来て、女坊主に知れねえように小判の入ってるキンチャクうそっと持ち逃げようとすると、キンチャクのひもを女坊主は首にかけて寝ていたので、女坊主は飛び起きたと。ところが主人は無理やり小判の入ったキンチャクを奪い取ってしまったんだ

と。

女坊主は大事な小判を盗られてしまったのでうんと悲しがり、ずっと泣き続けていたが自分で首をつって死んしまったと。そして朝になり主人は女坊主の死んだのを見て

「死人に口なしだ、小判んなあ俺のものだ」

とゆっていたと、それで奪い取った小判で主人は田んぼを買ったんだと、ところが買い込んだ田んぼが「ビクニ田」（戒を受けた尼僧の田）だったんだとさ、それでその田んぼを作る者は次々運が悪くなり、田植えをしていれば雷が落ちて植えてる者が死んだり、秋になって米は少しもとれなかったりその田んぼに麦を蒔けば麦の芽が出なかったりで、そのビクニ田を作る者は恐ろしがって誰もいなくなってしまったんだとさ。そしてそれだけでなくこのビクニ田のまわりの川のどじょうは、すべて目

の見えないどじょうになってしまったんだと、村の人達は「女坊主のたたりで、こうなったんだ」

といって恐ろしがったんだとさ。

○この昔話の付帯目的

小判を盗られた女坊主の話

群馬には「人でなし」と言う言葉がある。「人としてしてはいけない事をする者のこと」である。まさにこの昔話の主人がそれである。

この昔話の犠牲になった方は旅の比丘尼《びくに》（尼僧）である。仏の戒を受け得度され仏の道を生きている旅僧の方を、村切っての富豪の家の主人は何故この旅僧の小判に手を染めてしまったのかまさに人でなしである。

金を盗られ絶望の果て尊い命を絶った旅僧の怨念は、金を盗った主人に取り返しのつかない多大な被害となって返ってきたのだ。人でなしな事はするものではない。

◎この昔話では富豪な生活であっても陰徳を積んだ生き方することが大切であることを教えている。

女の子と火の滝の話

むかしむかし、下阿内の村に滝があってその滝の近くに大尽の家があったと、ある日その大尽の家に隣村から女の子が女中（お手伝い）に来たんだと。ところがその家の主人は来た女の子をうんといじめたんだと。女の子は毎日毎日泣いていたんだとさ。女の子の家はうんと貧乏でお手伝いで少しもらう金を母親の所へ届けていたと、ところが大尽の家で金をくれなくなってしまったんだと。女の子は金がもらえなくなってしまったので、うんと悲しがりある晩そっと抜け出し近くの滝に飛び込んで死んでしまったと。ところが大尽の家の主人は女の子の葬式もしてやらなかったんだとさ。それで女の子が死んで四日目の夜中のことだったと、主人が寝ていると「すとすと、すとすと」と濡れたぞうりをはいて歩く気味の悪い音がして来たと。おどろいた主人が飛び起きてみると、なんと滝で死んだ女の子がびしょ濡れ姿で枕元に立って、じいっと主人を見ているんだと。それから毎晩夜中に寝ている主人の枕元に女の子が化けて出るんだと。主人は恐ろしくなって女の子の葬式をしたんだとさ。

するとそれから女の子の幽霊は出なくなったと。

だがその後女の子が飛び込んで死んだ滝に緋鯉（女の子の霊）が現われて、滝の水を火の様に真赤にしたり滝の上から赤い火の雨が降ったりして村の人達を怖がらせたと、それで村の人達はこの滝を火の滝と呼ぶようになったんだとさ。

○この昔話の付帯目的

女の子と火の滝の話

幼い頃祖母から「真夜中の墓場で蒼火が燃えていた」「小雨の降る晩に古井戸で女の泣き声がする」などの怖い昔話を聞く度に生つばを呑み手に汗をした事を覚えている。そして、また夜が来ると怖い話を祖母にねだったものだった。その観念は成人になっても心のどこかに潜在していて忘れることが出来ない。

この火の滝の昔話は恐ろしくあまりにも女の子が可哀想すぎる、死んだ女の子は幽霊になって現われる。幽霊は成仏出来ずこの世にさまよい出て来た霊である。この昔話の主人は貧しい生いたちの女の子をどうして残酷な扱いをして死に至らしめたのか。女の子の幽霊は毎夜主人の枕元に現われる。絶えかねた主人は女の子の葬式をしてやる。すると幽霊の出現ははたと止む。しかし女の子が命を絶った滝に緋鯉(女の子の霊)が現われさらに滝に赤い雨が降り火の滝と呼ばれることとなる。

◎この昔話では弱い人の立場をわかってやれる人になることを教えている。

屁をし過ぎた人の話

むかしむかし、屁の名人の人がいたんだとさ。その人は「屁の比べ」あいでは負けたことはなかったと、ある日村の人たちがその屁の名人に

「どうだんべえ、今日は屁で何か聞かせてくれめえか（聞かせてくれるか）」

って注文すると、名人はニコニコしながら

「わしゃあ屁で何んでも出来るんでがんすよ（出来るんですよ）。先ず十二ごのはしご屁えやってんべえ（やってみましょう）」

とゆったかと思うと、ブウー、ブウーっと二本長く屁をして、

「これが二本のはしごの横木でがんす（横木ですよ）」

とゆったかと思うと、次にプッ、プゥ、プゥプゥっと、小きざみに十二回屁をして、

「これが十二子のはしごでがんす、ついでにはしごにクサビを打っておくべえ」

とゆったかと思うとプップップップップッっと二十四発やらかして、

「これで丈夫な十二子のはしごの出来あがりでがんすよ」と。

　村人もこの屁の名人のワザには、二の句が出なかったと。

　この屁の名人は、コオロギの鳴きまね、玉ころがし、ウグイスの谷渡りから念仏まで屁で出来るんだと。しかしこの屁の名人も一度だけ屁で失敗したことがあるんだとさ。屁の名人が信州の親せきに用事があって行った時のことだったんだと、親せきでの用事が済んで帰りのことだったんだと、店っ先に五、六束みがきにしんがつるしてあるんだとさ。屁

の名人は家の土産にみがきにしんを買って帰ろうと考え、店の爺さんに
「このにしん全部でいくら」
ってゆうと店の爺さんは屁の名人を見て
「この奴は地《じ》っ子《こ》（土地の人でない）じゃあねえな」
と見て、うんとたけえ値をふっかけたと、すると屁の名人は、あまり高い値なので
「店のクソ爺じぃ屁でもかげ」
っていいながら店の爺さんに向けて、一発でっけえ屁を引っかけたと、
すると店の爺さんが
「ひでえことをする客だむし（客だね）。そうなら屁え百八発続けて出来ればこのにしん、全部ただでお前にやるべえ」
ってゆったと、それを聞いた屁の名人は気をよくして、続けざまにプッ

プップップッと百八発やらかして、最後におまけだとゆって一発ブーッとやったんだと、それを聞いた店の爺さんが
「おまけに一発屁をこいたで約束がちがう」
っとゆって屁の名人はにしんがもらえなかったんだとさ。

○この昔話の付帯目的

屁をし過ぎた人の話

昔話の採集で原話者が笑い話はなかなか語ってくれなかった。その原話者と二回三回と採集調査で逢いお互いに気心が知れて来ると笑い話を語ってくれた。古老の原話者達が謙虚な心を密めていたことをその都度感じた。一口に上州人は開けっぱらいで二枚舌は使わないなど言れるが反面謙虚な精神性を密めている。

原話者は話してくれた「笑い話は普段あまり聞かせてくれないが子どものとき病気になると枕元に来て笑い話を聞かせてくれたのだ」と。医療の乏しかった時代子どもが病気になって床で苦しんでいると枕元に来て笑い話を語ってくれたのだ。笑い話は心療的（笑い話を聞いていると病の苦しみを忘れてしまう）役目を果たしていたのである。この屁の名人の方も「屁を百八発で止めておけばよかったのに」とおしまれてならない。

◎この昔話ではなにごとにも限度を超してはいけないことを教えている。

カモに連れ去られたカモとりの話

むかしカモとりの名人がカモに連れ去られたんだとさ。

そのカモとりは、近くの大堤の水の中に立って頭にふくべ（夕顔の実）で作った入れ物をかぶっていたと、するとカモたちの群は水の中にいい止まり場があると思い、カモとり名人の頭のふくべに止まるんだとさ。するとカモとり名人は頭に止ったカモの足を、す早く手でつかんでカモを捕るんだと。

ある日カモとり名人はいつもの様に頭にふくべをかぶり堤の水の中に立っていると、カモの大群がゲエゲエ鳴きながらやって来たと、

カモとり名人は

「こりやあいいあんべえ（按排）だ」

と言っているとカモの大群が次々にカモとりの頭に止るんだと、カモとりの名人は止るカモを次々に捕えては、カモの首をふんどしのひもにはさんでは捕り続けたと、

ところがふんどしのひもにはさんでおいたカモが、堤の水を飲んで生きかえり一斉に羽ばたきをして飛び立ったかと思うと、何んとカモとりの名人は空高くカモに引き上げられたと。カモとりの名人は空高くまで上ったことがないので恐ろしくて

「遠くの桑原、遠くの桑原」

っていいながら震えていると、カモたちはふんどしのひもから一斉に離れたと、するとカモとり名人は、天から真さかさまに地上におっこちたと、それで落ちた所が何んと引間の妙見様だったんだとさ。

○この昔話の付帯目的
　カモに連れ去られたカモとりの話
　この昔話は昭和四十年の夏群馬町引間（現高崎市）で採集。伝承者がさまざま昔話を語ってくれた。
　普段は麦飯が常食だが子どもで病気になると米のお粥に味噌にけずりぶしが入ったおかずでそれが美味しくて、病気になるとこの美味しい特別料理が食べられるので、時折り病気になりたいと思ったと。そして病気になって床についていると枕元にお婆さんがやって来て、笑い話を聞かせてくれて、それが何より楽しかったと。そしてかつては医療も近くになかったので風邪になると梅干を黒焼きにして熱湯を注いで飲み、また頭痛になるとこめかみに梅干の肉を引って治したと。こうした民間治療もまた枕元での笑い話も心療の役目を果たして来たのである。

◎この昔話ではすべてのことに限度を超してはならないことを教えている。

酒の出たシミズの話

むかしのことだったんだとさぁ、赤城山へ毎日むし木（たき木）とりにいぐ、しんぼうのいい人がいたんだとさ。

その人は朝早くショイコ（背負こ）に焼き餅ぃくっつけて山へ入るんだと。それで晩方になるとショイコにむし木を山の様にして帰ってくるんだと。

ある夏の晩方いつもの様にショイコにむし木をいっぺえつけて、すぐろ山のふもとまで来ると、のどがかわいてしまったんだとさ。水を飲もうとしてあたりを見まわすと、きれいなシミズがわき出ているんだと。むし木とりはそのシミズの所に腹べえ（腹ばい）になって、シミズを飲みはじめたと、するとそれは水でなくて酒なんだと。むし木とりはおどろいてしばらく考えていたが
「この酒の出るシミズう、村人に見つかれば大変なことになる」

とひとりごとをいいながら、近くの松の枝ぁ切りおろして来て、そのシ

ミズが見えない様に松の枝をぶっかけて、家へ帰って来たと。

よく朝、「むし木とりは山へ入りながらシミズの所に行き、腹ばいになってシミズの酒を口にしたと、朝の酒はひやっこく（冷たく）てとても美味しいんだとさ。むし木とりは腹いっぺえシミズの酒を飲んでしまい、すっかりよってしまいそこえねてしまったと。

しばらくして目がさめてみると、なんと夕方になっているんだとさ。むし木とりはし方なく、その日はそっと家に帰ったと。

そして、よく朝もシミズに来て酒を飲んでそこにねてしまい、このことが毎日毎日続いたと。むし木とりの家の者はむし木もなくなってしまい、すっかり困りはててしまったんだとさ。ある朝むし木とりの後を、おかみさんがそっとつけたと、するとむし木とりが、いつもの様にすぐろ山のふもとのシミズの所に来ると腹ばいになって酒を飲みはじめたん

だと、おかみさんはそれを見るなり、すごく怒って
「こんな所から酒が出るから、うちの人が仕事をしなくなってしまったんだ」
とどなりながら、近くの山道にあった馬グソを、シミズの中へ投げ込んだと、するとまたたくまに酒のシミズは真水に変ってしまったんだとさ。

○この昔話の付帯目的
酒の出たシミズの話
この昔話の真面目なたき木とりは酒によって生活が一変してしまう。たき木とりには大切な家族があるはず、己と言う一人りだけの快楽（酒）によって大切な家族は悲劇のどん底に。この昔話のみではない聞くところによると、勤め先から同僚と二人で昼食に出掛け昼食が済むと同僚が

「時間が少々ある近くの競車場で一レース掛けられる」と誘われ彼ははじめて参加。ところが三十万円当り。その後彼は競馬、競輪等に熱中、田畑家屋敷を転売果ては夫婦離婚とゆう悲劇の現実。

　酒も賭けごとも只一人り（己だけ）の快楽に生きることは厳に慎まなければならない。

◎この昔話では快楽に負けず広い客観性を持って生きることを教えている。

酒井正保　さかい・まさやす

■略歴

埼玉県に生まれる。日本大学芸術学部音楽学科卒業
劇団バラ座で佐々木孝丸、千秋実両氏に師事
昭和24年より民俗調査に入る
町田佳声《かしょう》氏、小泉文夫氏、松平頼則《よりつね》氏に師事
NHK前橋FMでレギュラーとして群馬の民俗を18年間連続放送
元日本大学芸術学部特別講義講師、高崎芸術短期大学教授
育英短期大学教授、群馬医療福祉大学講師、県文化財総合調査委員
群馬県ボランティア活動推進委員、高崎市人権教育講師

■主な著書

「群馬のわらべうた」（音楽之友社）
「日本の音楽教育」（音楽之友社）
「群馬郷土民謡集」（上毛新聞社）
「上州の民謡とわらべうた」（煥乎堂）
「日本の民謡集　関東編」（雄山閣）
「上州の民話」（未来社）
「埼玉・上州の民話」（ほるぷ社）
「上州路のむかしばなし」（あさを社）
「上州風土記　子どもの遊び」（あさを社）
「前橋昔がたり」（朝日印刷）
「新編　群馬の民話」（未来社）
「前橋とその周辺の民話」（朝日印刷）
「群馬のわらべ歌」（柳原書店）
「上州路の埋もれた民俗」（あさを社）
「民話・上州路の笑い話と怖い話」（あさを社）
「日本の民話　－群馬編－」（未来社）
「ぐんまの伝承わらべうた」（朝日印刷）
「上州最後のマタギたち」（朝日印刷）
「民話が語る上州の妖怪」（上武印刷）
「上州路の民謡を訪ねて」（上毛新聞社）
「榛名山東面の生活と文化を訪ねて」（上毛新聞社）上毛芸術文化賞・県文学賞受賞
「上州路の民話と諺・謎掛けの民俗を訪ねて」（上毛新聞社）
「上州路の民間医療と禁忌の民俗を訪ねて」（朝日印刷）
「群馬の伝承民謡とわらべうたの旅」（朝日印刷）
「上州路の伝承わらべうたの旅」（朝日印刷）
「上州の方言と妖怪の民俗を訪ねて」（上毛新聞社）
「心に残る上州の伝承民話を訪ねて」（上毛新聞社）
「この道は果てしなく　老老介護十余年」（上毛新聞社）　他

■論文

「乳幼児を持つ障害者の家庭教育」（文部省）
他15 編

■現住所

〒371-0805　群馬県前橋市南町三丁目74-15　　TEL 027-221-2469

人としての生き方を教えてくれた
群馬の昔話

2023年6月30日発行

著　者　酒井　正保
発　行　上毛新聞社営業局出版編集部
　　　　群馬県前橋市古市町1-50-21
　　　　TEL 027-254-9966　FAX 027-254-9965

ISBN978-4-86352-331-9